LA SEIGNEURIE

DE

COURCELLES-LE-ROI

PAR

M. L'Abbé BERNOIS

CURÉ D'AUTRUY (Loiret).

MEMBRE DE LA SOCIÉTÉ HISTORIQUE ET ARCHÉOLOGIQUE DU GATINAIS.

ORLÉANS

H. HERLUISON, LIBRAIRE-ÉDITEUR

17, rue Jeanne-d'Arc, 17

—

1886

LA SEIGNEURIE

DE

COURCELLES-LE-ROI

PAR

M. L'Abbé BERNOIS

CURÉ D'AUTRUY (Loiret),
MEMBRE DE LA SOCIÉTÉ HISTORIQUE ET ARCHÉOLOGIQUE DU GATINAIS.

ORLÉANS

H. HERLUISON, LIBRAIRE-ÉDITEUR
17, rue Jeanne-d'Arc, 17

—

1886

(Extrait des *Annales de la Société historique et archéologique
du Gâtinais.*)

SEIGNEURIE DE COURCELLES-LE-ROI

—

'ORIGINE de Courcelles ne semble pas remonter au delà du XIIᵉ siècle. On l'appelait, d'après les titres que nous avons eus à notre disposition, *Curcellæ, Corsellæ* et *Corsellium regis*[1]. Situé dans la charmante vallée qu'arrose la Rimarde, ce petit bourg faisait, au siècle dernier, partie du diocèse de Sens, de l'archidiaconé du Gâtinais, du doyenné et conférence de Boynes, de la généralité d'Orléans, de l'élection de Pithiviers, du bailliage et grenier à sel de Bois-commun, et du bureau de poste de Boynes. Il est à 12 kilomètres de Beaune, chef-lieu du canton, à 12 de Pithiviers, chef-lieu de l'arrondissement, et à 44 d'Orléans, chef-lieu du département. Son territoire se compose de 626 hectares de terrain tertiaire moyen, mêlé de molasses du Gâtinais, d'une médiocre fertilité, mais bien cultivé. Il produit des céréales, du vin blanc assez renommé, et surtout beaucoup de safran. L'église, bâtie à la fin du XIIᵉ siècle, a été

---

1. Petit palais entouré de bâtiments rustiques, d'après Du Cange.

agrandie au commencement du xvᵉ. Elle mesure 20 mètres de long sur 11 de large et peut contenir 280 personnes. Les quelques revenus qu'elle a conservés, malgré la Révolution française, ne sont plus que les débris de son ancien patrimoine. Elle est placée sous le vocable de saint Jacques le Majeur et a, pour patronnes secondaires, sainte Anne et sainte Apolline. Il existe encore, auprès de cette église, une chapelle, autrefois bien décorée, maintenant abandonnée, dédiée à saint Hubert, le patron de la chasse. Tous les ans, le jour de cette fête, le curé de la paroisse y chantait une messe solennelle à laquelle assistaient les seigneurs du lieu et les disciples du saint.

Dans le principe, les religieux de Fleury-sur-Loire jouissaient d'une partie des dîmes de la paroisse et, jusqu'en 1709, ils ont conservé le droit de nomination à la cure, que l'archevêque de Sens a possédé depuis lors jusqu'à la Révolution.

Voici, du reste, une charte qui établit leurs possessions dans notre pays :

Moi, Boson, abbé de Saint-Benoît de Fleury, et les vénérables religieux de la même congrégation, à tous ceux qui ces présentes lettres verront, tant présents qu'à venir, salut. Nous voulons faire savoir que nous accordons aux religieux de la Cour-Dieu toute la dîme de deux charrettes des terres et des troupeaux que nous possédons à Courcelles, comme leur devant appartenir pour toujours et de droit, à la condition que jamais nous n'aurons, ni nos prévôts, aucun droit de la réclamer. Et, afin que cette lettre soit un monument pour la postérité, nous la confirmons de notre sceau. Donné à Fleury en 1123[1].

Au siècle suivant, l'abbaye faisait de nouvelles acquisitions et augmentait ses revenus déjà considérables. L'abbé Thibaut, trouvant à son arrivée les ressources de son monastère dans un état de prospérité, y ajouta d'autres biens. Il acheta, en 1262, de Guillaume de Cottainville tout ce que celui-ci possédait dans les paroisses de Bouilly et de Courcelles, moyennant 50 livres parisis. Voici la charte qui confirme cette nouvelle acquisition :

Bernard, archidiacre de Sully, salut dans le Seigneur. Que tous sachent, présents et à venir, que Guillaume de Cottainville a confessé avoir vendu à l'abbé et aux religieux de Saint-Benoit de Fleury tout ce qu'il possédait de droit, pouvait et devait posséder sur les paroisses de Bouilly et de Courcelles, du fief de Payen de Villiers, écuyer, pour être à l'avenir ou cens ou terrage... l'an du Seigneur 1262[2].

Ces possessions des religieux de Fleury conservent encore le nom qui rappelle leurs anciens titres. On les désigne : *Terres du Couvent.*

L'abbé Hélie, suivant l'exemple de son prédécesseur, racheta de Gautry de Saint-Clément, et de Gaucher de Courcelles, tuteurs d'Amelotte, leur nièce, une métairie qui a été évaluée à la rente an-

---

1. *Cartul. mon. Floriac.*, p. 107. (Arch. départementales; préfecture du Loiret.)
2. *Cartul. mon. Floriac.*, p. 209. (Arch. départementales.)

nuelle de six boisseaux de seigle et de dix livres[1].

« A Courcelles-le-Roi, dit Hubert, et avant lui dom Morin, existe un chasteau de l'étendue de la chastellenie royalle de Boiscommun. Il y a justice, haute, moyenne et basse, le tout dans la mouvance féodalle à cause de la chastellenie[2]. » Les rois de France qui se sont fixés, à tour de rôle, à Vitry-aux-Loges, à Châteauneuf-sur-Loire, à Lorris et à Boiscommun, ont aussi établi à Courcelles leur séjour, et ont fait de cette terre un lieu de plaisir, et un rendez-vous de chasse. C'est à cause de cette résidence royale dans notre pays qu'on dit Courcelles-le-Roi[3]. Louis VII, qui octroya en 1175 les privilèges de la coutume de Lorris à quatorze villages de son domaine et probablement du ressort de la prévôté, comprit Courcelles dans cet acte de générosité et le fit jouir de la charte de 1155. A la réforme qui eut lieu le 9 septembre 1531, comparut pour le seigneur du lieu Thomas Gaillard, licencié ès lois, son bailli, demeurant à Branles. Les habitants et les manants élurent pour leur procureur Jean Chain[4].

---

1. Dom Chazal. *Biblioth. mon. Floriac.*, anno 1268.

2. *Biblioth. d'Orléans.* Hubert, tome III, p. 29, mss.

3. Il en est de ce village comme de toutes les résidences royales de l'Orléanais. On affirme sans aucune preuve que les reines de France vinrent habiter le château pour y faire leurs couches et leurs relevailles. Quoi qu'il en soit, les souverains s'y firent représenter par des gouverneurs particuliers connus sous le nom de prévôts. Celui de Courcelles rendait la justice, maniait les finances, et avait la haute inspection des terres et des bois. Il s'appelait, en 1337, Pierre de Corselles et fut plus tard établi à la garde de Neuville. C'était Pierre Pallier en 1441.

4. Diplôme de Louis VII. *(Ordonnances*, tome X, p. 49, sq.)

La seigneurie passa au xive siècle dans la maison de Braque, originaire d'Italie, selon les uns, mais plutôt de Paris, suivant l'opinion commune, recommandable par sa fortune et ses emplois, et alliée aux plus illustres familles du royaume. Le premier représentant qui nous soit connu est Arnoul Braque. Il eut de son mariage avec Marguerite de Fontaine, dame de Châtillon-sur-Loing, plusieurs enfants dont voici les noms : Amaury, maître à la Chambre des comptes, fut la tige de la première branche, Nicolas, le suivant, le chef de la seconde qui s'est fondue dans les maisons de L'Hopital, de Courtenay et de Coligny. Raoul vécut très peu de temps. Robert, seigneur de Fluxeaux, commença la famille de Courcy qui s'unit à celles de Montmorency, de Salezart et de Mascaron. Étienne Braque devint trésorier des guerres en 1370. Huguette épousa un seigneur de Bucy qui fut tué à la bataille d'Azincourt[1].

Nicolas de Braque[2].

Il était, comme nous venons de le voir, le second fils d'Arnoul Braque, bourgeois de Paris[3], et de

---

— *Arch. nat.*, JJ. 166, n° 440, f° 275, v° et 276 r°. — Cf. M. Luchaire, *Études sur les actes de Louis VII*, p. 313. — M. Prou, *Coutumes de Lorris* (1884), p. 111. — *Coustumes anciennes de Lorris :* Du Moulin, procès-verbal, p. 102 et 104.

1. *Biblioth. d'Orléans*, Hubert, tome III, p. 69, sq. *Grandes chroniques*, tome VI, p. 32.

2. Nous conservons à dessein la plus ancienne orthographe : on pourrait écrire Bracque.

3. *Ordonnances*, tome III, p. 346. *Grandes chroniques*, tome VI, p. 37. *Arch. nat.* JJ. 86, f° 138, r°.

Marguerite de Fontaine, dame de Châtillon-sur-Loing. Son anoblissement avait fait scandale en 1340[1]. Il eut le titre de chevalier. De simple clerc du Roi, il devint procureur général, puis conseiller au Parlement et la charge de maître des requêtes[2] lui donna l'entrée au grand conseil[3]. Parmi les libéralités sans nombre dont il fut l'objet, de la part de Philippe VI de Valois, et de son fils le premier duc d'Orléans, nous citerons en particulier les terres et seigneuries de Soisy et de Courcelles. Il acquit encore Luzarches, Souvigny... Bien qu'il eût en outre d'autres propriétés, comme celles de Nogent[4], d'Ouzouër, de Châtillon-sur-Loing, de Saint-Maurice-sur-Aveyron[5], il choisit de préférence, pour sa maison d'habitation, Courcelles-le-Roi et fut le chef de la première branche des seigneurs de ce lieu.

Il jouit à la cour de Jean II de la même puissance que sous le roi précédent, et conserva avec son frère Amaury la même situation prépondérante. En mai 1356, à l'heure même, où le Roi faisait appel au patriotisme des États, pour voter de nouveaux subsides, il obtint une gratification de quatre mille florins[6]. Le 19 septembre de la même année, il combattit

1. *Arch. nationales*, JJ. 73, n° 296.

2. *Arch. nationales*, JJ. 80, n° 207.

3. *Arch. nationales*, JJ. 73, n° 296. *Mémoires de la Société de l'histoire de Paris* (Revanche des frères Braque), tome **X**, pag. 100, sq.

4. Non pas Nogent-sur-Seine, comme on l'a dit, mais Nogent-le-Petit, commune d'Yèbles (Seine-et-Marne).

5. Dom Morin, *Histoire du Gastinois*, p. 16.

6. *Mém. de la Société de l'hist. de Paris*, tome **X**, p. 101, sq.

à côté de Jean II, fut fait prisonnier à la funeste bataille de Poitiers et mis à la rançon par les Anglais ; mais, en vertu de lettres de rémission délivrées par le monarque captif, il recouvra sa liberté (1357).

Pendant ce temps, les États généraux réunis en séance avaient fixé leur jour pour mettre en accusation les anciens conseillers du Roi. Robert le Coq réclama, au nom de tous les partis, l'arrestation et la destitution de plusieurs gentilshommes qui avaient combattu à Poitiers, de Simon de Bucy, de Robert de Lorris, d'Enguerrand du Petit-Cellier, de Jean Poillevilain, de Nicolas et d'Amaury Braque[1]. Le dauphin était prié de les déclarer perpétuellement déchus de tous offices « tant de lui comme du Roy[2]. » Une vaste enquête annoncée par le crieur public devait recueillir les plaintes des sujets contre eux. Des commissaires nommés par les États entameraient leur procès criminel. Ce qui fut fait comme on l'avait demandé. Accusé de malversation et de détournement de sommes considérables, Nicolas Braque encourut la disgrâce de son souverain, et le 25 janvier 1358, des sergents royaux furent envoyés en garnison à son hôtel, « et firent l'inventaire des biens qu'on y trouva[3]. » Après plusieurs années de troubles, et les pertes que les Jacques lui firent éprouver, Charles, duc de Normandie, le réin-

---

1. *Grandes chroniques*, tome VI, p. 36. Cf. l'Exposé fait par Robert le Coq aux États. *Isambert*, tome IV, p. 784, et Picot, *États généraux*, I, p. 47.

2. Acte d'accusation contre Robert le Coq. Art. 59 et 62.

3. Froissart, *Histoire de France*, tome XX, p. 475 ; Siméon Luce, *Histoire de la Jacquerie*, p. 214.

tégra non seulement dans ses biens, mais lui rendit encore sa place, et ordonna de plus qu'il toucherait le montant de ses gages arriérés, comme s'il n'avait jamais cessé de servir. Cet acte réparateur dut être notifié aux gentilshommes et aux bourgeois des bonnes villes[1]. Passant ensuite en Angleterre avec Robert de Lorris et Guillaume de Melun pour traiter de la paix et de la rançon du roi Jean, il ne tarda pas à revenir porteur des conditions d'Édouard III (1360).

Il mourut en 1388. En premières noces, il avait épousé Jeanne de Tremblay qui mourut en 1342, sans lui laisser d'enfants. De sa seconde femme, Jeanne le Bouteiller de Senlis, il eut deux fils nommés, le premier Jean, et le second Michel. Les frères de Sainte-Marthe lui en donnent un autre du même nom que lui, qui aurait été évêque de Troyes[2].

Il fut inhumé dans la chapelle que son père fit bâtir sur la paroisse de Saint-Nicolas-des-Champs, et qui devint plus tard l'église des religieux de la Merci[3]. Sur le tombeau était gravée cette inscription que nous a transcrite dom Morin dans son histoire du Gâtinais[4].

Cy gist noble et puissant seigneur messire Nicolas Braque, jadis seigneur de Saint-Maurice,

---

1. *Mémoires de la Société de l'histoire de Paris*, tome X, page 101.

2. Hubert, chanoine de l'église d'Orléans. *Biblioth. d'Orléans*, tome III (Seigneurie de Courcelles-le-Roi), p. 68.

3. Tarbé, *Almanach de Sens* (1770), p. 116, sq., et dom Morin, p. 18.

4. Dom Morin, *Hist. du Gastinois*, p. 19.

Châtillon-sur-Loing et aultres lieux, conseiller, maistre d'hostel du Roy nostre sire, qui trépassa en l'an 1388, le treizième jour d'août, et Madame Jeanne de Tremblay, jadiz femme du dict seigneur qui trépassa l'an 1342, le treizième jour de septembre, et Madame Jeanne la Bouteillère de Senlis, jadiz femme du sieur, qui trépassa l'an 1376, le quatorzième jour de mars.

JEAN DE BRAQUE.

Jean de Braque succéda aux grands emplois de son père. Filleul du roi Jean, élevé auprès de Charles V, il fut son chevalier d'honneur. Il entra ensuite dans les importantes charges de la Cour, et par la faveur dont il jouit auprès du roi de France, fut élevé à la dignité de conseiller du duc de Berry. Sans parler des nombreuses propriétés qui lui revenaient du côté de son père, il acquit encore par son mariage avec Jeanne de Courcy les terres d'Allainville, de Faronville et autres lieux situés dans les comté et châtellenie de Gien, de la Martinière, des Meneaux[1].

Pendant l'invasion des Anglais dans la province du Gâtinais (1358), le château-fort de Courcelles fut ruiné par les troupes ennemies. C'est alors que Jean de Braque adressa au duc d'Orléans une pétition, pour obtenir la permission de réparer sa maison de Courcelles, qui « estoit grande, belle et située avan-

---

1. *Arch. départementales* (préfecture du Loiret), A. 182.

tageusement[1]. » Le duc accéda à cette demande par lettres patentes du 4 mai 1389. En peu de temps, les travaux nécessaires furent terminés, et en état de soutenir un siège, si la guerre infestait de nouveau la contrée. Ce vieux manoir, bâti sur le côteau qui domine la Rimarde, a suivi la fortune de ses maîtres, en subissant les transformations que réclamaient les temps et les mœurs. Ses quelques restes imposants attestent encore une puissance féodale de premier ordre. Il était entouré d'un large fossé abondamment alimenté par les eaux de la rivière. La porte d'entrée qui regardait le village de Courcelles, flanquée de deux tourelles et couronnée d'un haut corps de garde, communiquait par un pont-levis à l'enceinte des murailles. Il en était ainsi de la porte placée à l'ouest, du côté de Bouilly. L'enceinte des fortifications formait un rectangle de 32 mètres sur 45. Aux quatre angles s'élevaient de grosses tours garnies de créneaux et de machicoulis. Au milieu des fortifications se trouvait une cour dans laquelle dominait le donjon, profondément fossoyé dans son pourtour. L'ancien escalier qui desservait le château occupe encore une tour à pans coupés, ayant cinq mètres de circonférence et dix de haut. La porte admirable par la finesse du travail est exécutée dans le style du xve siècle. Telle est la demeure que les seigneurs de Braque habitèrent à Courcelles, qui fut démantelée par les Anglais, et que Jean, grâce à la libéralité de son souverain, remit dans son ancien état[2]. L'admi-

---

1. *Arch. nationales*, E. 2ᵃ, fᵒ 77, rᵒ.
2. *Arch. nationales*, JJ. 90, fᵒ 126.

nistrateur de ses terres et forêts était Jean du Cimetière qu'on désigne lieutenant de « noble et puissant seigneur, monseigneur J. Braque[1]. »

Il vécut jusqu'en 1406 et laissa pour enfants Marie et Blanchet. Marie épousa en premières noces Jean de Salezart, en secondes Raymond de Mascaron, écuyer, et fut dame de Laas, d'Escrennes et de Courcy[2]. Elle vivait encore en 1454, puisqu'elle subit une condamnation en cette même année pour n'avoir pas fait au duc d'Orléans l'aveu de certains droits qu'elle avait acquis dans la forêt[3].

BLANCHET DE BRAQUE.

Il fut d'abord seigneur de Courcelles par l'abandon que son père et son oncle Michel firent en sa faveur, et par son mariage avec Jeanne, fille de Gaucher, seigneur de Châtillon-sur-Marne (1396). Il rendit en 1404 hommage de son château au duc d'Orléans, à cause de la châtellenie de Boiscommun[4], devint, en 1406, maître de toutes les possessions de son père, et en 1410 d'Yèvre le Chatel. Courcelles avait besoin d'un seigneur vertueux, généreux et riche pour exécuter la reconstruction de l'église, et les habitants furent assez heureux de trouver toutes ces qualités réunies dans leur nouveau maître. Plu-

---

1. De Maulde, *Condition forestière de l'Orléanais*, p. 314.
2. Hubert, *biblioth. d'Orléans*, tome III, p. 69.
3. *Arch. départementales*, duché d'Orléans, fonds du Châtelet.
4. *Arch. dép.*, A. 182, châtellenie de Boiscommun, fiefs.

sieurs témoignages rapportent la réédification du temple à l'an 1406[1].

On a eu la pensée d'élever à la gloire de Dieu un magnifique monument à cinq nefs, de manière à entourer l'église actuelle qui était primitivement la chapelle royale. Soit que les ressources aient fait défaut, ou que les guerres survenues dans nos contrées aient arrêté les travaux, l'édifice si bien commencé n'a pas eu son entier couronnement. Il ne reste maintenant qu'une abside qui mesure 10 mètres de long sur 7 de large et un transept de 7 mètres d'un pilier à l'autre. Chaque basse nef avait 6 mètres de large. C'est sur une arcade d'une basse nef qu'on a adossé la tour. A première vue, tout ferait croire que ces élégants piliers, que ces splendides ogives du style rayonnant du xve siècle aient été un ancien sanctuaire, si nous n'étions assuré qu'aucun témoignage n'est venu confirmer notre assertion.

Plutôt que de continuer une œuvre semblable, on a agrandi la chapelle qui est devenue l'église paroissiale. Elle est régulière et bien ordonnée, n'ayant cependant que deux nefs. Elle mesure 20 mètres de long sur 11 de large ; la nef principale a 10 mètres de haut, la seconde 8. Elle se compose essentiellement de deux parties. Le chœur terminé par un chevet plat et la chapelle de la Sainte-Vierge sont d'une époque de transition entre le style roman et le style ogival. Du reste, les voûtes en pierres, les piliers ornés de rosaces et de figures imparfaitement

---

1. *Baux notariés*, fonds communiqués.

sculptées, les chapiteaux, les colonnes, paraissent remonter au commencement du XIIe siècle. La seconde partie, qui est l'église proprement dite, offre beaucoup moins d'intérêt, et remonte assurément à une époque plus moderne.

Blanchet Braque défendit vaillamment son pays à la bataille d'Azincourt. Il y fut blessé et fait prisonnier. Rendu à la liberté et de retour dans ses foyers, il mourut deux années après des suites de ses blessures et des privations qu'il avait endurées. D'un mariage contracté avec Jeanne de Châtillon, il n'eut qu'une fille qui lui succéda dans ses biens et son immense fortune. Elle se nommait Jeanne Braque[1].

JEANNE DE BRAQUE.

Dépositaire d'un nom brillant et de grandes richesses, Jeanne jouissait des plus belles espérances et pouvait avantageusement contribuer à la prospérité de sa famille; elle en commença au contraire la décadence. Elle fut trois fois mariée, et trois fois, elle porta ses biens à chacune des maisons où elle s'abrita. En premières noces, elle épousa Jean de L'Hôpital, chambellan du roi Charles VI, et donna à ce seigneur la terre de Soisy, après avoir eu de lui cinq enfants (1400).

En 1408, par son second mariage avec Pierre de Courtenay, seigneur de Champignelles et de Bléneau, elle ajouta aux biens de cette dernière famille

---

1. Hubert, tome III, p. 69, *biblioth. d'Orléans.* Cf. aussi, *Archiv. départementales* (Châtellenie de Boiscommun), A. 182.

la terre de Saint-Maurice-sur-Aveyron qu'un de ses fils, nommé Jean, vendit à Jacques Cœur par contrat daté du 17 mai 1450.

Le 16 septembre 1418, elle épousa, en troisièmes noces, Jean d'Autry, seigneur de Lourdin et de Saligny, qui devint, à cause de Jeanne, seigneur de Châtillon-sur-Loing et de Courcelles. Elle mourut vers l'an 1440 sans avoir eu d'enfant de ce dernier mariage. C'est alors qu'un de ses fils nommé Jean, dont nous avons déjà parlé, voulut revendiquer comme sien le fief de Courcelles. Il ne fit que passer. En 1441, les officiers du duc d'Orléans s'en saisirent féodalement, et la terre fut exploitée par des gens du Roi qui commit, comme capitaine à la garde du château, un gentilhomme nommé Pierre Pallier. Quelques années plus tard, la seigneurie passa dans la famille de Brilhac, originaire de Bourges.

Les armes de la famille Braque étaient : *Fond d'azur à gerbe d'argent.*

Deuxième race.

Les habitants de Courcelles, épuisés par les dernières guerres, eurent la bonne fortune de vivre sous la famille de Brilhac. Ces seigneurs, en faveur auprès du Roi et du duc d'Orléans, ne cherchèrent que le bonheur de ceux qui les environnaient.

Georges I de Brilhac était le troisième fils de Jean de Brilhac, seigneur d'Argis et de Mons, et le petit-fils de Guy qui partit en 1462 pour la Lombardie accompagné d'un troubadour, et d'Odart de la Verrière. Son frère aîné s'appelait Pierre et fut seigneur d'Argis et de Mons. Le second se nommait François et fut évêque d'Orléans, de 1473 à 1506. Après la mort de Thibaut d'Aussigny, Louis XI, qui avait défendu au chapitre de Sainte-Croix de procéder à une élection, désigna pour le siège vacant François de Brilhac (1473). Ce fut ce prélat qui bénit au château de Montrichard le mariage de Louis II, duc d'Orléans, avec Jeanne de Valois, fille du Roi. Il mourut à Orléans le 17 janvier 1506, à deux heures du matin, en laissant à sa cathédrale par testament des dons considérables[1].

Georges fut d'abord conseiller et chambellan du duc d'Orléans. Comme récompense des services qu'il lui avait rendus, il obtint en 1450 les propriétés de Courcelles et de Launay. Le château avait été une seconde fois détruit pendant la guerre de cent ans. Pour le reconstruire, Georges reçut du duc 80 écus d'or à prendre sur les revenus de la forêt (1457); une seconde fois 300 écus d'or. Dans d'autres circonstances encore, il fut avec sa femme Marguerite de Husson l'objet de fréquentes générosités (1464-1467)[2]. Le château rebâti par Jean de Braque n'était plus qu'une ruine. Les fortifications, les tours, le donjon n'existaient plus. Il n'est resté que l'aile tournée du côté de Bouilly qui, restaurée, ne fut pas même la quatrième partie de l'ancienne demeure. Flanqué de quatre tourelles distantes de quinze mètres les unes des autres, c'était encore un manoir

---

1. *Gall. christ.*, tome VIII, p. 1170.

2. *Arch. départementales* (Châtelet). Cf. de Maulde, *Condition forestière de l'Orléanais*, p. 253.

imposant, capable d'abriter des soldats pendant les temps de guerre et de calamités.

De son mariage avec Marguerite de Husson, Georges n'a pas eu de postérité. Il mourut vers l'an 1500 en laissant son neveu et filleul Georges héritier de ses titres et de ses biens.

Georges II de Brilhac était fils de Pierre de Brilhac, chevalier, seigneur d'Argis et de Mons, et de demoiselle Anne de Tranchelion, fille de Guillaume de Tranchelion. Il eut pour frère aîné Charles qui fut seigneur d'Argis, et pour frère cadet Christophe qui fut évêque d'Orléans de 1506 à 1514, après avoir été successivement doyen de Sainte-Croix, abbé commendataire de Saint-Père de Chartres et de Pontlevoy. Il mourut archevêque de Tours, au château d'Artannes (31 juillet 1520), et fut inhumé dans la métropole de Saint-Gatien le 7 août de la même année.

Du mariage de Georges II de Brilhac avec Marie de Pompadour sont sortis : Catherine, Guillaume, seigneur de Bouzy, et Jeannot qui épousa sa cousine issue de germaine, Louise de Brilhac de Villenessais.

Troisième race.

Catherine de Brilhac, l'aînée des enfants de Georges II, fit passer dans une nouvelle maison la seigneurie de Courcelles avec ses dépendances, savoir : Le Tartre, la Caponnerie, Viévy, Armeville et la Grand-Cour de Dadonville. De l'alliance qu'elle contracta avec Girard de Lucas, écuyer, nous ne connaissons que deux fils, François et Gatien[1].

On trouve François de Lucas en 1496 et 1500, dans plusieurs actes passés devant Noblet, notaire à Orléans, qualifié de haut et puissant seigneur[2].

Gatien fut abbé de Coulombs, au diocèse de Chartres. Milon d'Illiers, évêque de cette ville, lui donna, le 6 février 1491, la bénédiction abbatiale, et cette même année, Gatien fit graver cette inscription sur une petite cloche fondue alors pour le monastère : « Gatien de Courcelles, abbé de ce monastère, » me fit fondre, l'an du Seigneur 1491, le premier de » son entrée. » Il mourut en 1500[3].

François de Lucas laissa, en mourant, Louis héritier de ses biens. Ce Louis épousa Marie d'Angerville et eut de ce mariage deux enfants : Jacques et Jeanne. En 1531, fut faite la rédaction des Coutumes de Lorris-Montargis. Alors comparut pour l'état d'église « messire Jean Bellard, curé »; pour l'état de noblesse, le seigneur se fit représenter par « honorable homme et sage maistre Thomas Gaillard, son bailly; » pour les manants et habitants fut élu « Jean Chin, leur procureur[4]. »

Jacques de Lucas, seigneur de Courcelles en partie, épousa, par contrat passé le 6 décembre 1544,

---

1. Hubert, mss., tome, II p. 195. — *Baux notariés de Courcelles*.

2. Hubert, mss., tome II, p. 195 et tome VII.

3. *Gall. christ.*, diœc. Carnot., et Fisquet, page 395.

4. *Coutumes de Lorris-Montargis*, procès-verbal, p. 102 et 104.

Madeleine de L'Hopital, fille de Charles de L'Hopital, chevalier, seigneur de Vitry-aux-Loges, Nogent, Coubert et du Hallier, panetier du duc d'Orléans, grand maître et réformateur des eaux et forêts du duché. Il laissa trois enfants qui furent : Régent, Catherine et Hélène.

Jeanne, dame de Thorigny, en épousant Jean de Longueau, écuyer, seigneur de Barville, de Saint-Michel, de la Motte-Bontin et de Clérembault en partie, porta dans cette famille toutes ses possessions de Courcelles. Elle construisit en 1551, dans l'église de Saint-Michel, une chapelle latérale qu'elle fit placer sous le vocable de saint Jean-Baptiste. De cette union sont sortis : Jean, Pierre, Antoinette, Marie et Louis, qui continuèrent la postérité. Madeleine se fit religieuse à Montargis. Les armes de la famille Longueau sont : *D'azur, à six bâtons rompus d'argent.*

Régent de Lucas mourut en 1575, sans laisser de postérité. Ses deux sœurs se partagèrent entre elles ses droits sur Courcelles. Catherine les céda à Jean Coquelin, son mari, dont la mort arriva en 1594[1].

Hélène épousa, vers 1580, Jean de Beauxoncles, seigneur d'Aulnay-sous-Boësses, qui devint, à cause d'elle, propriétaire de Courcelles, de Viévy, d'Armeville. Il posséda encore en commun, avec Guyot Pot, seigneur de Chemault, les cens et les rentes de la Grand-Cour de Dadonville. Les armes des

---

1. Hubert, tome III, p. 69 *(Biblioth. d'Orléans,* mss.).

Beauxoncles étaient : *De gueules à trois coquilles, deux et une, au chef d'argent.*

FAMILLE DE BIRAGUE[1].

Les premiers représentants de cette maison en France furent René et Horace de Birague. René naquit à Milan en 1509, d'une famille qui, dans les guerres d'Italie, avait toujours suivi le parti de la France, où elle se réfugia pour se soustraire à la fureur de Ludovic Sforza, duc de Milan. Son père, Galéas, était ambassadeur auprès de l'Empereur, et sa mère appartenait à la famille de Trivulce. François Ier fit ce nouveau favori conseiller au Parlement, puis surintendant de la justice et président au Parlement de Turin. Henri II lui donna le gouvernement du Lyonnais et, en cette qualité, l'envoya au concile de Trente. Confident de Catherine de Médicis, il obtint de Charles IX des lettres de naturalisation et sur la démission de Jean de Morvilliers, évêque d'Orléans, fut nommé en 1570 garde des sceaux. C'est ainsi qu'il assista au Conseil secret où fut décidé le massacre de la Saint-Barthélemy et la dignité de chancelier fut la récompense de son concours à ce déplorable attentat (1573). Il avait épousé Valentia Balbiani, veuve d'un gentilhomme Piémontais, nommé Grimaldi. Devenu veuf lui-

---

1. Leurs armes étaient : *Argent à trois fasces brétecées et contre-brétecées de gueules, chaque bande chargée dans le milieu d'un filet d'or.*

même, il entra dans la carrière ecclésiastique et Henri III lui fit obtenir le chapeau de cardinal. Il mourut en 1583 et fut inhumé à Paris dans l'église de Sainte-Catherine-du-Val-des-Écoliers. Il laissait un fils nommé Georges de Birague.

Par la faveur du Roi, Georges de Birague fut seigneur de La Chise, de l'Isledon[1], de Courcelles et de Coudray. Il mourut en 1622, laissant trois fils : Henri, qui fut seigneur de la Chise, de l'Isledon et de Courcelles. Le second, Charles, fut créé seigneur de Beauregard; le troisième, Élie, hérita du titre et de la propriété de Coudray.

Henri de Birague fut, avec ses frères, confirmé en noblesse par lettres patentes de mai 1641. Il fut écuyer et premier valet de garde-robe du Roi, et mourut en 1647. Marie Rouault, son épouse, en devenant par sa mort dame de Courcelles, offrit à Monseigneur d'Hémery, seigneur engagiste de la châtellenie de Boiscommun, « lui faire foi et hom- » mage, qu'elle était tenue de faire, en raison de ce » qui lui appartenait à Courcelles, et requiert souf- » frància pour ses enfants mineurs en raison de ce » qui lui appartenait dans la dite terre[2]. » C'était le 27 juillet 1647. Elle fit l'aveu et le dénombrement de sa propriété tenue alors en plein fief de Monsieur le comte de Saint-Florentin. La terre produisait

---

1. L'Isledon est un beau chasteau basty près Montargis, par M⁰ Louis-Henri de Birat escuyer... Ce chasteau est tout envi-ronné de fossés pleins d'eau. *(Dom Morin,* p. 101.)

2. *Archives départementales* (Châtellenie de Boiscommun), **A.** 182.

2,000 livres parisis, sauf les quatre-vingt-dix arpents situés entre Courcelles et la Nerville relevant du prince de Tingry. Elle mourut en 1661, à l'âge de soixante-deux ans, et fut inhumée dans le chœur de l'église. La pierre tombale qui recouvrait son corps a été brisée d'une manière peu intelligente, et les morceaux remplacent les dalles absentes de la nef.

Nous avons rencontré plusieurs fois son nom dans les archives de la paroisse de Boynes, notamment en octobre 1632 et le 27 septembre 1644. Elle laissait quatre enfants : Louis, seigneur de l'Isledon ; Charles de Courcelles ; Jacques de La Chise, et Georges d'Armeville.

Charles de Birague épousa Mademoiselle Marie de Bouchaut, fille de Pierre de Bouchaut, sieur de Champrenault, et d'Anne Hardouin. Charles fit hommage de sa propriété en payant à son suzerain le droit de relief qui s'élevait au quint ou cinquième du prix d'acquisition du fief, avec le requint que la coutume avait ajouté. Il agrandit sa terre des Hautes-Brasses, dont il prit le nom, d'une partie du couvent qui appartenait à l'abbé de Fleury-sur-Loire[1] et des prés situés au fort des Eaux et sur le territoire de Batilly. Un bailli exerçait en son nom la haute, moyenne et basse justice, et cette charge est restée longtemps en possession de la famille Langevin, dont les membres ont été à tour de rôle lieutenants et substituts du seigneur, et chargés de fait de l'administration privée et publique de tous ses biens.

---

1. *Baux notariés communiqués.*

Charles eut à l'église de Courcelles les honneurs dus à son rang. En entrant à l'église, le curé de la paroisse lui présentait l'eau bénite et le conduisait à son banc placé dans la seconde nef, près de l'autel de la Sainte-Vierge. Il était le premier à l'offrande, avait droit tous les dimanches à la première part de pain bénit. On l'encensait à *Magnificat*, après le clergé, et au prône de la messe paroissiale ; après avoir prié pour le Roi, la reine, la famille royale et les princes du sang, le prêtre ajoutait : « Nous recommandons aussi à vos prières haut et puissant seigneur Charles de Birague, chevalier, seigneur de ce lieu, et noble et puissante personne Marie de Bouchaut, dame de Champrenault et de Courcelles-le-Roi, son épouse. » Il avait à sa mort droit de sépulture dans le chœur de l'église avec les curés[1]. Il possédait encore le droit de la police des chemins, du moulin, du four, du pressoir banal et de la rivière. C'est à cette époque que les seigneurs de Courcelles bâtirent la chapelle dédiée à saint Hubert, appelée seigneuriale. Monsieur Louis-Henri de Pardaillan de Condrin de Bellegarde, archevêque de Sens, en fit au mois de mai 1656 la bénédiction solennelle en présence de la famille de Birague et de tous les prêtres des environs. Maître Claude Le Tellier était alors curé de Courcelles[2].

Charles de Birague mourut en 1680 et fut enterré dans le sanctuaire de l'église. Il laissait Marie de

---

1. *Arch. locales*, série GG., et *Baux communiqués*.
2. *Bail Nauroy* (1675) ; Me Chambon, notaire royal.

Bouchault, son épouse, ainsi que ses deux enfants, héritiers de ses biens. Elle fut, en 1670, marraine de la cloche qu'on a conservée pendant la Révolution comme cloche civique, et qu'on a refondue en 1876[1]. Voici l'inscription qu'on lisait sur cette cloche : *Au nom de Dieu, j'ai été bénite par messire Jean Pornain, curé de Courcelles, et nommée Marie par maistre François Dubois, conseiller et maistre d'hostel ordinaire chez le Roy, et seigneur de Boynes, Monceaulx et aultres lieux, et dame Marie de Bouchault, femme et épouse de Charles de Birague, chevalier, seigneur de Courcelles, Hautes-Brasses et aultres lieux. Louis Bidoux m'a faite en 1670.*

Marie de Bouchault mourut le 3 mars 1691. Nous trouvons dans les registres de la paroisse l'acte d'inhumation ainsi formulé :

Aujourd'hui, quatre de mars, a été enterrée dans le chœur de notre église, Mademoiselle Marie de Champrenault, dame de cette paroisse, agée d'environ soixante ans, après avoir reçu les sacrements, par nous, curé de Courcelles.

Signé : Graverand.

Elle avait eu deux enfants, depuis longtemps déjà en possession des biens de Marie Rouault, leur aïeule paternelle[2]. C'étaient Louis et Marie-Margue-

---

1. Le 13 août, M. A. Fortin étant curé. Le poids de la nouvelle cloche est de 411 kilogr., tandis que l'ancienne ne pesait que 395.

2. *Archiv. locales*, bail Nauroy.

rite : Louis mourut jeune, et Marguerite seule hérita de la seigneurie de Courcelles.

En succédant à sa mère, Marie-Marguerite de Birague devint dame de La Chise, de Courcelles, d'Armeville et autres lieux. Dans les registres de la paroisse, comme dans ceux de Boynes et de Bouilly, nous la voyons souvent marraine des enfants pauvres du peuple. Ses sujets ne faisaient aucune difficulté pour l'aborder et lui demander cette faveur. Elle, toujours bienveillante, se faisait un bonheur de tenir leurs enfants sur les fonts baptismaux. Marie-Marguerite a été pour les habitants de Courcelles une véritable bienfaitrice. Sa maison se remplissait toujours des âmes souffrantes et affligées. Seule, à pied, elle se promenait souvent dans la campagne, visitait les malades, entrait sous leurs toits de chaume pour leur procurer des remèdes et des aliments. Sa vie fut toute consacrée à la charité, et l'opinion publique n'a eu qu'une voix pour elle; on ne l'appelait jamais que la bonne dame de Courcelles. Elle épousa, en 1685, Michel Le Maingre de Boucicaut, fils de Michel Le Maingre de Noras, avocat du Roi au domaine d'Orléans. Il était le descendant du sire de Boucicaut qui prit part à la bataille d'Azincourt, et qui nous a laissé des mémoires intéressants sur ces temps reculés. Marie-Marguerite de Birague est appelée dans tous les titres épouse non commune, sans doute parce qu'elle jouissait seule de ses revenus. Elle mourut le 23 août 1714 et fut inhumée dans le chœur de l'église, en présence de son mari et de son fils, par maître Cavanagh, curé de Courcelles. Elle laissait, par son mariage contracté avec Michel Le Maingre, plusieurs enfants : Charles, Marie-Genny et Claudine; et, avant de rendre à Dieu son âme sanctifiée par les bonnes œuvres, elle se ressouvint qu'elle était encore la châtelaine du pays. Aussi s'engagea-t-elle à donner par testament une somme de 1,000 livres à partager entre le curé, le maître d'école et la fabrique de l'église.

Nous savons peu de chose de Michel Le Maingre. Il épousa en secondes noces dame Claude de Loyeaux qui fut marraine en 1734, et il mourut presque subitement la même année dans son château de Courcelles.

Son fils Charles Le Maingre, qui vécut bien peu de temps, avait eu le bonheur de voir son union avec Anne de Brossard bénie du ciel par la naissance d'un enfant, qui reçut au baptème le même nom que lui (27 décembre 1730); mais à la joie succéda bientôt la tristesse, au bonheur le deuil. La mort vint quelques semaines après lui enlever sa jeune épouse, au milieu des pleurs et des regrets de ses parents accourus pour recueillir son dernier soupir. Elle n'était âgée que de vingt-deux ans, et fut inhumée dans le chœur de l'église paroissiale. Charles lui-même expirait au commencement de l'année 1735.

Marie-Geneviève fut avec sa sœur Claudine, qui avait épousé le marquis Jean-François de Creil, seigneur de Chemault, Montbarrois, Nancray et Arconville, dame de Courcelles-le-Roi en partie. Elle avait épousé en 1719 Louis de Marçay, écuyer, seigneur de Blaize et Sury-aux-Bois, fils de Louis de Marçay, chevalier, seigneur de Blaize et de Sury-

aux-Bois, et de dame Gabrielle Carrier. La bénédiction nuptiale leur fut donnée dans l'église paroissiale
par Polluche, curé de Sury. Ils ont tenu plusieurs
fois ensemble sur les fonds baptismaux les enfants
du pays, notamment dans la famille Langevin en
1743. Cette même année, Madame Marie-Geneviève
Le Maingre était marraine d'une cloche avec le marquis de Barbançois, qui devait plus tard épouser sa
fille nommée comme elle, Marie-Geneviève. Voici
l'acte de baptême retrouvé dans les archives locales :
*L'an mil sept cent quarante-trois, le quinze dé-
cembre, a esté faicte par moy, curé soussigné,
commis à cet effet par messire Jacques Dunne,
docteur en Sorbonne, doyen du Gâtinais et curé de
la ville de Boynes, la bénédiction d'une cloche,
nommée Françoise-Geneviève par haut et puissant
seigneur Charles-Hélion-François de Barbançois,
chevalier, seigneur marquis de Vilgongis, Che-
zelles, Vineuil et autres lieux, lieutenant dans les
Gardes françaises, son parrain, et par dame Marie
Lemaingre de Boucicaut, espouse de messire Louis
de Marçay, écuyer, seigneur de Courcelles-le-Roi,
Blaize, Armeville et autres lieux, marraine. Bo-
niface Langevin et Jean Grenier étant marguil-
liers.* Signé : *Le Maingre, de Marçay, de Barbançois, Brennant curé, Langevin, Coignet m[e]
d'école, Dunne doyen du Gâtinais.*

En 1754, le 30 octobre, mourait presque subitement Louis de Marçay. Il fut le surlendemain inhumé
dans le caveau, lieu de sépulture des seigneurs de la
paroisse, en présence de Marie-Geneviève Maingre,
son épouse, de MM. Esmonnet, curé de Bouilly,

Killin, vicaire de Boynes, Hély, aumônier chez Monsieur le comte de Rocheplate, et d'une grande assistance[1].

Nous retrouvons encore Marie-Genny marraine d'une cloche en 1758 : *Le jeudi 28 octobre 1758, les cérémonies de la bénédiction de la petite cloche nommée Hubert, et faite en l'honneur de saint Hubert, patron de notre chapelle, ont été faites par moy curé soussigné, y assistant aussi en qualité de parrain avec dame Marie-Geneviève Le Maingre, veuve de Louis de Marçay, marraine, Jacques Nauroy marguillier.* Signé : *Brennant.*

Elle mourut à l'âge de quatre-vingt-quatre ans, le 18 décembre 1781, et fut enterrée près de la grande croix dans le cimetière de la paroisse. Depuis plusieurs années, une ordonnance royale avait, en raison des conséquences qui pouvaient résulter et nuire à la salubrité publique, proscrit les inhumations dans les églises. En 1793, on a fait disparaître, ainsi que tout ce qui rappelait un souvenir religieux ou féodal, la tombe de la dernière descendante des de Birague,

---

1. Liste des personnes inhumées dans l'église d'après les archives locales : Marie Rouault, épouse de Henri de Birague (1661); Marie de Bouchaut de Champrenault (1691); Pierre Langevin, notaire (1694); François Graverand, curé (1694); Bernard, bailli (1694); Jean Franquet, maître d'école (1694); Simon Happart (1695); Jacques Keavy, vicaire de Courcelles (1695); Jeanne-Françoise Regnault (1695); Luc de Froye, prêtre, docteur en droit civil et canon, curé de Courcelles (1705); dame Marie de Birague (1716); Anne de Brossard (1731); Charles-Michel Le Maingre de Boucicaut (1734); Louis de Marçay (1754); Madeleine Martin (1756); maître Thadée Brennant (1764).

dont les restes, exposés à la poussière, sont encore un vrai monument historique. Marie-Geneviève Le Maingre avait épousé en deuxièmes noces messire Charles de Vidal, seigneur des Grands-Chatelliers.

Le marquis de Barbançois vendit en 1788 à la famille Jacob tout ce qu'il possédait à Courcelles et, quelques années après avec les émigrés, prenait le chemin de l'exil. La Révolution française, exerçant son œuvre de destruction dans les villes comme dans les campagnes, n'a pas épargné la nouvelle famille qui vint s'implanter dans notre village. On organisa en règle le pillage du château; les girouettes qui portaient la fleur de lis furent enlevées et brisées, les titres nobiliaires devinrent la proie des flammes. Mademoiselle Jacob fut assez heureuse de se dérober à la fureur des persécuteurs.

L'église, non plus, ne fut pas oubliée dans cet acharnement insensé. On retrancha les legs, fondations, revenus qui en faisaient son magnifique bénéfice. Quatre cloches furent descendues de la tour, on les transporta à Orléans pour faire des sous ou des canons. On n'en laissa qu'une pour annoncer les réunions politiques. M. Moreau, curé de Courcelles depuis 1754, avait essayé d'empêcher bien des malheurs. Il vit avec peine commencer la vente du presbytère, fut déclaré suspect, traduit devant le tribunal révolutionnaire de Boiscommun avec sept prêtres, et condamné à mort. Il décéda à Paris au mois d'octobre 1793.

En 1806, une descendante des derniers châtelains vint à Courcelles pour racheter ce qui restait de son ancien patrimoine, mais elle trouva les conditions si dures qu'elle se retira sans rien terminer, se contentant d'en emporter une pierre, comme si elle eût voulu montrer à sa famille ce qui lui restait d'un édifice qui avait réuni tant de splendeur. En 1820, le château devenait la propriété de la famille Demadières-Miron. Depuis, il n'a fait que décroître; toutes les terres ont été vendues successivement et en partie; l'habitation reste seule et semble ne devoir pas désormais subsister bien longtemps.

Fontainebleau. — M. E. Bourges imp. breveté.

SOCIETE HISTORIQUE ET ARCHEOLOGIQUE DU GATINAIS

www.ingramcontent.com/pod-product-compliance
Lightning Source LLC
Chambersburg PA
CBHW051332050726
47595CB00006B/2320